SIN GU LAR

Editora Appris Ltda.
1.ª Edição - Copyright© 2024 da autora
Direitos de Edição Reservados à Editora Appris Ltda.

Nenhuma parte desta obra poderá ser utilizada indevidamente, sem estar de acordo com a Lei nº 9.610/98. Se incorreções forem encontradas, serão de exclusiva responsabilidade de seus organizadores. Foi realizado o Depósito Legal na Fundação Biblioteca Nacional, de acordo com as Leis nos 10.994, de 14/12/2004, e 12.192, de 14/01/2010.

Catalogação na Fonte
Elaborado por: Dayanne Leal Souza
Bibliotecária CRB 9/2162

N518s
2024

Neves, Alice Borges
Singular / Alice Borges Neves. – 1. ed. – Curitiba: Appris, 2024.
124 p. : il. color. ; 21 cm.

ISBN 978-65-250-6547-2

1. Poesia. 2. Desenvolvimento pessoal. 3. Juventude. I. Neves, Alice Borges. II. Título.

CDD – B869.91

Appris editora

Editora e Livraria Appris Ltda.
Av. Manoel Ribas, 2265 – Mercês
Curitiba/PR – CEP: 80810-002
Tel. (41) 3156 - 4731
www.editoraappris.com.br

Printed in Brazil
Impresso no Brasil

alice borges

SIN
GU
LAR

Curitiba, PR
2024

FICHA TÉCNICA

EDITORIAL	Augusto V. de A. Coelho
	Sara C. de Andrade Coelho
COMITÊ EDITORIAL	Marli Caetano
	Andréa Barbosa Gouveia (UFPR)
	Edmeire C. Pereira (UFPR)
	Iraneide da Silva (UFC)
	Jacques de Lima Ferreira (UP)
SUPERVISORA EDITORIAL	Renata C. Lopes
PRODUÇÃO EDITORIAL	Sabrina Costa
REVISÃO	Katine Walmrath
DIAGRAMAÇÃO	Bruno Ferreira Nascimento
CAPA	Eneo Lage
REVISÃO DE PROVA	Sabrina Costa

sumário

Singular 9
Introdução 10
A poesia como um início 11
A poesia como um meio 13
A poesia para um fim 15
Âncora 16
Aprender a parar 17
Óbito 18
Anti-horário 19
Sala de espera 20
Fomo 21
Generosidade restrita 22
Carta cardíaca 23
Você é uma Memória 24
Cantar 25
Devaneios da Madrugada 27
Entropia 29
Forma-se um poema 30
Viagens 31
Ingenuidade 33
Vida onusta 34
Pretérito Imperfeito do Subjuntivo 35

Substrato 36

Escrever 37

Vão 39

Imperfeição 40

Encerrar o ciclo 41

Fevereiro 42

Reconciliação 43

Desperdício 45

Infância 47

Dose 48

A pressa que o poema leva 49

Insônia 50

Vício 52

Deixe a Poesia Entrar 53

Poema feliz 55

Impulso 56

Presságio 57

Sombras 58

Fomos feitos para correr 59

Queda 60

Iguais 61

Se houver um próximo amor 62

Peço ao universo 63

Atração 64

Discografia dos amores 65

Ele 66

Crescer 67

Pelo menos 68

Chance 69

Se fosse 70

Expressividade 71

Inesperado 72

Introspecção 73

Introspecção II 74

Vazios 76

Fome 77

Cicatrizes 78

Primavera 79

Limites 80

Irrevogável 81

Sinestesia 83

O frio 84

Inércia 85

Imprevisível 87

Falha 88

Incerteza 89

Espera 90

Carta 91

Barranco 93

Me desculpe, eu te amo, obrigada 94

Olhares	95
Solidão	96
Remorso	97
Silêncio	99
Talvez	100
Rua sem Saída	102
Retorno	103
Instinto	104
Brilho	105
Remédio	107
Conquista	109
Reciprocidade	110
Contágio	112
Reencontro	113
Agonia	114
Extrovertida	115
Jardim	116
Eu estou aprendendo	117
Presente	118
Inabalável	119
Não há testes	120
Avoada	121
Autoimagem	122
Conversa	123
Sonhos	124

singular

eu sempre me levei muito a sério
e ao tentar me equilibrar
encontrei refúgio nas risadas
encontrei sentido no agradar

eu sempre estabeleci muito critério
e ao seguir, eu também vi que irei falhar
e dessa falha, vem o medo mais sincero
e desse medo veio o impulso de chorar

enfim deságuo em meio a toda a consequência
de me esconder ao tentar não me abandonar
pois se amada, eu também amo por inteiro
e se reprovada, eu também deixo de me amar

e em piadas meu tormento suaviza
o meu carisma que me permite expressar
toda a urgência de não ser levada a sério
pois meu interno fará o amor se afastar

a seriedade quase sempre se ameniza
e nas mentiras ela logo sumirá
a sinceridade que há tempos desconheço
me torna cúmplice de um destino singular

introdução

A poesia sempre fez parte de mim de alguma forma, e desde que comecei a colocar esses meus pensamentos no papel, descobri também uma forma de lidar com esse descontrole de ideias que passavam pela minha cabeça. A poesia para mim é e sempre foi um alívio, um flow constante e fácil que não exige nada de mim além da minha própria habilidade de canalizar as vozes que vivem no meu interior em versos. E posso dizer que ela salvou minha vida de diversas formas, por isso também sou extremamente grata a ela, por todos os frutos que me deu, me dá e os que ainda colherei.

A poesia como um início

  Sempre escrevi todo tipo de texto, desde os acadêmicos e redações até romances e ficções, poemas e letras de música. Perdi a conta de quantas vezes quis escrever livros e quantas vezes parei na metade por não ver futuro no que estava escrevendo. Mas mesmo assim, sempre me expressei consideravelmente melhor através da escrita. Gosto da liberdade que ela nos dá para apagarmos e escrevermos de novo de um jeito mais coerente, além da forma como as palavras se impregnam no leitor como nunca poderiam impregnar se fossem ditas através da fala. E por esse motivo, sempre preferi a escrita como forma de expressão.

  Mas dando ênfase à poesia, afinal isto é um livro de poesia, eu passei a escrever poemas de forma mais recorrente aos quatorze. Ressalto que sou extremamente grata pela educação excelente que tive desde pequena, pois, além de ser de muita qualidade, sempre estudei em colégios que valorizam e incentivam muito o lado artístico dos alunos. Comecei a escrever poesia quando estávamos estudando as escolas literárias e, ao voltar a entrar em contato com esse tipo de escrita, aquela voz da infância que estava dormente voltou a dialogar comigo. Ao reproduzir poesias barrocas, classicistas, românticas e modernas para atividades escolares, fui introduzida à leveza poética intrínseca a mim. Depois disso, acredito nunca mais ter sido a mesma.

  Ao entrar no ensino médio, saí daquela escola pequena e acolhedora em que havia estudado desde o jardim de infância para estudar em outra maior e bem mais intimidadora. Eu, apavorada e presa no angustiante desconforto de saber que nada mais era como antes, certamente não pertencia àquele lugar. Foi então que a poesia entrou novamente na minha vida, se é que um dia ela já saiu. E para trazer cor a todos aqueles dias cinzentos, surgiu a oportunidade de participar de uma mostra poética. Enviei meu poema, de tema metaliguagem (que inclusive está neste livro e se chama "Forma-se um Poema"), que, para minha alegria, foi aceito.

Houveram ensaios, figurinos e um palco enorme onde eu poderia, por cerca de dois minutos, recitar minha obra. Nesse ponto nem era mais sobre o poema, mas sim sobre a chance de compartilhar com as pessoas daquele teatro uma parte de mim que me tornava eu. Algo que certamente aqueceu meu coração. Os meses se passaram e eu mudei de escola, porém dessa vez o cenário era outro. Ali se iniciaria um ano incrível. Voltei a me interessar pela arte e minhas companhias não poderiam ser melhores. Eu estava cercada de amigos incríveis e cada dia era uma oportunidade nova de criar, e em meio a essa euforia, a poesia retornou e ganhou um tamanho considerável no meu cotidiano. Eu lembro nitidamente das atividades que fazíamos com colagens criando poemas dadaístas e recordo também que não demorou muito até eu e meus amigos passarmos a fazer rodas de poesia recitando uns aos outros o que havíamos produzido naquela semana. A imaginação era sem limites, pois nossos limites eram o papel e pela segunda vez minhas palavras saíram das páginas dos meus cadernos. Me encontrei brincando com as palavras, em meio ao deleite de sentir a poesia permeando outros corações e cotidianos além do meu. Eu certamente não poderia lançar este livro sem deixar de mencionar e agradecer a nossa fantástica "Sociedade dos Poetas Mortos".

A música também foi crucial nesse processo e não poderia falar sobre minha relação com a poesia sem falar dela. Foi nas minhas aulas de voz e violão que aprendi que cantar e compor poderia tornar-se algo semelhante a poesia. Tanto meu professor, sempre muito didático e paciente, quanto meus amigos, me ajudaram a dar voz a minha própria voz. E em meio a tantas composições nasceu uma banda, e dessa pequena banda de meninas do ensino médio, oportunidade transbordar nossa própria canção. E foi de momentos como este, que emergiu meu anseio de compartilhar minhas poesias, mas só que dessa vez, em trajeto singular.

A poesia como um meio

Apesar de ainda me sentir uma adolecente em certas áreas da minha vida, a vida adulta é implesmente inevitável. E questionar seu papel e sobre como introduzir-se nesse mundo repleto de responsabilidades e ao mesmo tempo se conformar com o fato de nunca saber ao certo o que fazer e que rumo tomar pode ser algo bem angustiante. Eu, justamente por não saber que rumo tomar, resolvi tomar um rumo inesperado: resolvi sair. Eu poderia, claro, ter seguido o curso natural da minha vida continuando a faculdade ou até ter buscado ir para outra cidade, mas resolvi ir à Alemanha.

Chegar num local completamente novo sendo estrangeira e na loucura de mal saber o básico da língua alemã, me coloquei em um caminho certamente bem desafiador. Fiquei apenas seis meses lá e quando finalmente retornei, me dei conta que talvez tivesse matado aquela Alice artística que existia antes. Nesse período, a poesia já não tinha mais a mesma leveza e já não era compartilhada e celebrada como havia sido aos meus dezesseis anos. Dessa vez, as interpretações e os pensamentos eram outros, assim como os cenários eram completamente diferentes. A escrita, por mais intrínseca que seja para mim, é influenciada pelas minhas próprias trajetórias. Por isso a notável dissonância entre os assuntos, pesos e formas de escrita dentro deste livro, distribuindo em uma ordem planejada a inconstância proposital dos meus poemas.

Depois de voltar, e depois de tanto tempo sem colocar meus versos no papel, a vontade de voltar a escrever renasceu em mim assim como a vontade de voltar para casa. A saudade, mesclada ao conforto fizeram com que as dúvidas sobre meu futuro cessassem por um período; pois, vendo que não havia mais como voltar, a única opção que me restava era continuar onde sempre estive e replantar as raízes que havia cortado quando decidi ir. E desse "replantio", germinei a poesia. Uma poesia expressiva, ácida e um tanto quanto hermética que encerrou o ciclo daquela poesia adolescente. Eu havia me descoberto novamente.

A poesia para um fim

Não antecipando, encontrei meu antigo caderno de poesias do ensino médio no canto de um armário. Como já era de se imaginar, a chama da escrita poética se acendeu novamente em mim, dessa vez incendiando também o sonho distante que eu tinha de ser autora. Optei por então mesclar as poesias mais maduras e intensas com as leves e delicadas, e assim, das diferenças entre as Alices que escreveram cada poema, eu caí com tudo no mundo da poesia e da fluidez que ela me traz, escorregando nos meus próprios versos e transbordando para o papel todos os sentimentos que palpitavam dentro de mim.

A poesia para mim é terapêutica, é uma forma de me expressar e de dialogar comigo mesma. É ser ritmada e, quase que como em uma orquestra, ver todas as palavras, rimas e versos se organizarem melodicamente no papel, em perfeita harmonia. Eu havia me encontrado mais uma vez. E, nesses reencontros, reunir minhas poesias e publicá-las nunca havia feito tanto sentido.

Eu sempre tive problemas em relação a crescer, talvez por não ter crescido na mesma velocidade e da mesma forma que os outros à minha volta, ou talvez por sentir que eu ainda não cresci tanto como deveria ter crescido. Mas, aprendendo a crescer, hoje posso dizer que cresci muito bem até aqui e celebro toda a minha curta trajetória de vinte e um anos de existência com este livro. Espero que você, leitor, passe a me conhecer e conhecer um pouco da minha poesia singular, não convencional e certamente muito pessoal. Espero que seja possível conectar-se com alguma das minhas poesias e que elas possam ser celebradas e expostas, revelando cada lado não compartilhado, cada devaneio da madrugada, epifania fora de hora, dor de crescimento e, principalmente, cada singularidade que habita dentro de nós.

âncora

Ancorando minha consciência
a malemolência
de uma opinião em desenvolvimento
e declaro aqui que tendo certeza,
pronto, morri feliz.

Ancorando minha consequência
a coerência
e a razão em conjunto,
puramente e essencialmente
contra a minha vontade,
já entendi que não podemos ter tudo.

Ancorando a eficiência
e a dependência,
não se pode ter só um lado da moeda,
como uma taxa universal
convencional.

E assim,
com a canoa prestes a afundar,
lanço a âncora ao oceano
quando percebo
não posso mais ancorar.

aprender a parar

no fim
é sobre aprender a suportar
a dor que é viver no presente

e no início
foi só sobre o meu vício
de me tornar mais consciente

o controle
que me deixa em conflito
e não me permite ser

talvez seja tarde
para a falta de espontaneidade
que vive dentro de mim morrer

e assim
eu vivo sem saber como
viver por mim é

esse tormento todo
me ensina de novo
a aprender a ter fé

às vezes
não basta acreditar
que eu sei acreditar

às vezes
é preciso parar de aprender
e aprender a parar

óbito

Foi a óbito
E mais uma vez
Despedindo-se de seu corpo
Sua alma se desfez

Não posso recordar
As vítimas da dissolução
Da essência da humanidade
Cobaias da degradação

Promulgação da hipocrisia
Na concretização do sacrifício
Mesclado com a luz do dia
E mascarando todo o indício

Derrama-se o sangue
Encobrindo todo o passado
Do fim da vitalidade
Do óbito adiantado

anti-horário

E se
Eu viver
No sentido anti-horário

Entre
Todas as chances
De ser apenas temporário

Fiquei
Na espera de um momento
Mais que extraordinário

Que
Ao menos alcance
O equilibrar do itinerário

Quero
Ver o bem sucedendo
Pra compensar o mau cenário

E se
Só houver um sentido,
E tudo que eu sinto
For apenas intermediário

E se
Bem lá no fundo,
todo esse mundo
For sentido anti-horário

sala de espera

hesitei esperar
e colher sem plantar,
cortou todo o barato

de viver pela dúvida
ao prever um futuro
sem a ordem os fatos

foi um erro didático
e talvez planejado,
mas para ser sincera

eu dispenso a pressa,
pois a consulta começa
na sala de espera

fomo

eu sei que parece
que será sua única chance
e que você está perdendo algo incrível

como se estivesse
num medo constante
de esperar pelo impossível

a dúvida intensa
e obstruínte,
que me faz padecer

perco meu semblante
e como uma avalanche
me deixo dissolver

apesar dos exageros
meu corpo quase inteiro
se faz angustiante

viver outro dia
coberta com a agonia
de não viver o bastante

generosidade restrita

De segundas, terceiras
E até quartas intenções
Estamos fartos,
Passamos a nos acostumar

Bem falados
Bem vestidos
Generosos, teus amigos
Que carregam consigo
Todo o peso, do pesar

Algo em troca de um favor
Que leve embora toda a dor
Intuitivo e manipulador
Amor que em ti se faz criar

E dentro a contribuição
Restritiva e sem cor
Tão humana, e indolor
Veremos parabenizar

Mas antes que seja tarde
E que encerre minha denúncia
Sobre a generosidade
É importante ressaltar

Qual é o preço da culpa?
Pelo reconhecimento
Alimentado pelo momento
Comensalismo do humanizar

carta cardíaca

palpita
e bate

o órgão
mais covarde

sem defesa
só ataque

faz de mim
seu alarde

se desmancha
acelera

pois se não,
dilacera

e bombeia
sincera

ao gritar
uma fera

a diástole
em taquicardia

o sangue escorre,
isquemia

e em palpitação,
novamente

torna o futuro
presente

num só escândalo
conflito

nasce arritmia
e aflito

só não sou surda para seus gritos

pois eu tenho ainda dó
e lhe permito

novamente
gritar comigo

— um ataque,
cardíaco.

você é uma memória

Você é uma memória
pincelada de história
que seca sobre a escória
de sua antiga vida

Você é uma lembrança
do que virou mudança
e de quando a semelhança
passou despercebida

E quando assim se forma
o fim da vida soma
com o esquecimento à tona
em breve despedida

A contagem que só cresce
dos dias em que se esquece
a terra amadurece
se cria uma saída

cantar

Às vezes sinto dentro de mim, ainda vive aquele mesmo anseio por cantar.

Aquele mesmo desejo, agora um tanto quanto recluso eu confesso,

de soltar minha voz e encontrar nas composições mais espontâneas e desajeitadas

alguma epifania surpreendente.

Sinto que, em meio aos meus melismas exagerados e um tanto quanto anasalados,

posso também compor o meu humor momentâneo,

fazendo jus àquela parte de mim esquecida que nunca acreditou que fosse parar de cantar.

Me pergunto ainda, se essa fração de mim ficaria muito desapontada,

sabendo que meu cantar agora é esporádico e que,

quando canto,

não canto para mais ninguém além de mim.

E ao suspender esse sonho antigo,

fazendo com que todas aquelas composições embaraçosas e mirabolantes

subsistam na minha garganta,

opto também por esquecê-las em alguma folha qualquer do meu caderno escolar.

Penso que talvez viver em um meio proício à criatividade contraste com um agora em que a arte está asusente e escassa, fazendo com que eu racionalize tudo que um dia já me tornou eu.

Mas então quem sou eu agora, se não sei mais cantar?
será que quando eu sinto esse impulso fervoroso de soltar minha voz,
seria para ouvir essa antiga versão de mim?

pois francamente, em meio a angustiante distância do conforto,
optei também por enterrar o que já estava morto
e ao enterrar minha voz,
decidi permanecer calada

Talvez o anseio por cantar não seja apenas um anseio.
Talvez, seja eu tentando ser escutada.

devaneios da madrugada

Em certas situações
até as melhores palavras,
mais intrínsecas e intensas,
se mostram inúteis, incoesas.

A comunicação e contemplação humanas
não mais cabem no plano verbal,
a excentricidade do homem é despejada]
por toda forma de arte, cultura e assimilação.

Em certas situações,
sinto a efervescência em mim,
pouco antes da frustração
de não conseguir passar para o papel
o tumulto que em mim vive, e morre.

Poderia ter, claro,
faltado maestria poética de minha parte,
mas independentemente de questionamentos internos,
até as melhores palavras,
mais intrínsecas e intensas,
se mostram inúteis,
incoesas.

Pois em certas situações,
em meio a delírios da pré-manhã,
me questiono se sei fazer mais do que só frases.

Uma explosão de insatisfação e criatividade.

Em outras palavras,
ou em palavra nenhuma,

Progresso.

entropia

de súbito tropeço
e parto em partir
então a desordem
passa a me exaurir

invertem-se as cores
no acidental
o imprevisível
torna-se trivial

desabam-se as pétalas
do teu cartão
buquê de incerteza
na variação

e quando se vão
de hora tardia
se faz reação
se cria entropia

forma-se um poema

Pensamentos me inundam
Afogam-me num mar profundo
Que transborda minhas loucuras
E minhas partes mais escuras

Vaza o amor que só eu enxergo, eterno.
E em meio a toda essa dança
Minha inocente alma balança
Voltando a ser criança

A onda salgada de esperança
Faz até mesmo a amizade ser dilema
De repente a maré baixa
Forma-se um poema

viagens

Todas as viagens
Que viraram fardos
Pois desaprendi

Vivendo culposa
Não sei ser presente,
Não sei mais fluir

E todo remorso
De ter segurado
Mas deixar cair

As chances que a vida
Botou no caminho
Mas não quis seguir

Suplico abundância
Para o arrependimento
Não me consumir

Agora é tarde
Criei um alarde
Só por existir

E consumida pelas minhas escolhas,
repetitivamente erradas e concomitantemente nocivas a mim
mesma e ao que entendo por ser,
deixo novamente de amar

não pois o amor não está à minha volta,
ou porque não bate na minha porta,
mas porque no final das contas
eu mesma não o vejo

O desconheço
E padeço
No desperdício
De mais uma oportunidade

Já não há mais um pingo sequer de vontade

ingenuidade

confina a si próprio
pois desacredita
na verdade certa
na certeza dita

o passado
que quase sempre se edita
faz normalidade
se estabelece, cita

se pensa, acredita
se não, só aceita
a certeza dita
a verdade feita

sabemos mas ainda
prefere-se acreditar
na ditadura disfarce
que despe a prisão lar

vida onusta

Vida onusta,
repleta
se faz integral e inquieta
na utopia da satisfação

Vida justa,
completa
se mostra vital e asceta
no engodo da autoilusão

Vida que custa,
indiscreta
se torna imoral e direta
na busca pela culminação

A busca
que é incessante
faz de um só instante,
eterna extensão

Vida plena,
plenitude serena
idílica cena
se faz ficção

pretérito imperfeito do subjuntivo

confesso
que me pergunto como seria
se tudo fosse
de maneira diferente

talvez,
eu fosse convidada para aquela festa
ou teria sido marcada naquela postagem
eu entenderia melhor o rumo da minha vida
ou talvez tivesse ido naquela viagem

talvez,
eu recebesse parabéns no meu aniversário
ou passasse o intervalo com algum amigo
tivesse um melhor repertório literário
ou até mesmo algo em comum contigo

talvez,
eu confessasse que pergunto
como seria se tivesse seguido outra direção
se tudo fosse, de maneira diferente

subtrato

Passo a crer
Que para produzir
Para sintetizar

Deve haver
Algo maior que eu
Para tentar alcançar

O receio
De deixar-me exposta
De tornar emergente

Tudo aquilo
Que para mim é pouco
E insuficiente

Um retrato
Do que já foi passado
Mas retorna ao presente

Pois publico
Tornando o substrato
Não mais algo abstrato
Pois já é recorrente

Antes oblíquo
Mas agora nivelado
Pois sei que meu substrato
É ser polivalente

escrever

Escrever é inato,
E descrever o passado
Com tanta harmonia

Me torna mais calma
Tornando minha alma
Bem menos vazia

E ao criar o fato
Tornando o meu relato
Minha poesia

Que sossega minha mente
E me faz consciente
Do que é fantasia

Não sei se é loucura
Ou se imponho censura
Sobre a melodia

Que canto escrevendo
Pois eu não compreendo
Se não houver sinfonia

As notas se mesclam
Aos versos cuspidos
Cheios de emoção

E assim concretizo
Adequando o passado
A minha própria versão

Se não fosse intrínseco,
Confesso que não sei o que seria
Pois escrever pra mim é terapêutico
E a terapia é escrever poesia

vão

por trás do seu olhar
enxergo o luar
vejo o sol nascer

e no céu despido o ar
quem irá constelar?
quem irá guarnecer?

o som da tua voz
remete ao solstício
do próximo verão

no universo a sós
concretizou-se o início
da próxima estação

Quantas estrelas são necessárias para preencher um vão?

imperfeição

despida
sobre todas as perspectivas
ao tentar compreender a vida,
suplicando por aceitação

ferida
mastigada e depois cuspida
fiz de mim minha própria inimiga,
fiz de mim minha apreensão

desprovida
de qualquer possível saída
ardida
e ancorada pela minha indecisão

a subida
inconstante a cada recaída
em que as atitudes tanto temidas
serão todas seguidas por hesitação

a bravura
de buscar constantemente a cura
sem qualquer espaço resguardado
me faço desesperada pelo perdão

e assim alimento
o que o que em demasia me mata
me tornando ingrata
ao que julgo ser arte inata
ao que julgo ser imperfeição

encerrar o ciclo

Aqui encerro o ciclo
De me sentir menor
De me tornar refém

De ver só o pequeno
E de negar o pleno
Que vive em mim também

Encerro a insegurança
Que me torna tão fraca
E não me deixa viver

Com toda intensidade
Restringindo minha vontade
E repreendendo meu ser

Aqui encerro tudo que me impede de viver a vida que eu sei que será boa pra mim.
Eu escolho fazer as pazes comigo, para que eu possa fazer as pazes com o mundo
E fazer desse mundo,
Meu próprio tabuleiro

Pois apesar de tudo,
Eu sempre fui uma boa jogadora

fevereiro

que fevereiro
venha em cheio
e que transborde

que eu viva muito
e que a vivência
não me afogue

que eu não me perca
e que eu me encontre
para assim seguir

e que meus medos
sigam em frente
para eu também ir

que janeiro
guie fevereiro
para que eu não retorne

ao tormento
do que era passado
e que ainda me consome

que eu envelheça
com toda a graça
de poder celebrar

a nova infância
que amadurece
sem me barrar

reconciliação

existe algo aconchegante sobre se sentir injustiçado
como se a vida te desse um tapa na cara agressivo,
mas ao mesmo tempo indolor,
pois, mesmo que derrotado,
você sabe que no fundo
você nunca foi, e nunca será
como o seu agressor

pois pela primeira vez,
não é necessário se perdoar
para reaprender a viver
e pela última vez,
tentei fazê-lo enxergar
algo que nunca vai ver

depender das nuances da calma,
que se destacam no constante conflito
entre o desgosto que vejo em tua alma
e o erro que cometi ao ver você como amigo

compreendo que és uma chama
e eu sei que sofre também,
mas também sei que a minha presença te inflama
e em meio a esse incêndio, me torno refém

perdera vontade de ser ajudada
fez com que eu tenha que me resgatar
pois já compreendi que não serei resgatada
por ti, pois tu gosta de me ver definhar

eu peço apenas que a liberdade se estenda
para que o amargor em mim justifique
a dor que reside em nós e acalenta
tudo que restou da minha antiga psique

o aconchego da injustiça
se mostrou necessário
como uma forma interna de reconciliação
com toda a culpa que restou da minha falha
e com cada motivo pra pedir perdão.

não haverá
reconciliação

desperdício

intacto,
nunca foi tocado
não sabe ser vida
não sabe ter lado

não pode amar
e não pode ser amado
ao questionar o certo
desconhece o que é errado

não opina
pois não há mais passado
pois não é promulgado
e não compreende a razão

uma alma
em um corpo desperdiçado
nasceu em meio ao aguardo
a espera de outra versão

e espera
aguarda sem ter vontade
pelo o dia em que sua fraude
manifeste alguma emoção

prolifera
corroborando a fera
que vive em meio a espera
de tocar outra mão

sua vida
foi só caminho de ida
desperdiçada e assídua,
sem propósito algum

exaurida
de tanto sobrevivida
foi tão grande a ferida
que não coagulou

e assim, após tanto sangrar, ele constatou
que não há propósito para tanta espera

com seu túmulo a frente
seu destino latente
enterrou-se inerente
fez-se enxerto com a terra

infância

a beleza
da incerteza
prevalece

o sorriso
da inocência
a enriquece

na constância
de opções
se abre um leque

a memória
vai com o tempo
e desvanece

no fim,
todo mundo cresce

dose

uma dose
de poesia no café
te deixa de pé
te põe pra pensar

pode ser
uma dose maior
uma de bom leitor
ou uma colher de chá

o embalo
que um poeta carrega
faz qualquer alma cega
voltar a enxergar

uma dose
de rimas e versos
todo um universo
pra saborear

a pressa que o poema leva

O tempo passa
Pensa!
Tenho que
pensar

Pressa
Rápido!
Pra não me devorar

Consumindo minhas palavras
Em dúvida,
Insisto em continuar

O medo
Do atraso do tempo,
Que afirma não poder voltar

O dilema
Entre fazer algo sensato
E ser capaz de publicar

Minhas considerações
Sobre o que em mim reside
E com o que querem que eu lide
Sobre o meu autocriticar.

insônia

não consigo dormir,
mas tentei
pois ao fechar os olhos,
escutei
todos esse versos,
nunca escritos
talvez por isso esteja
sem amigos

a angústia perdura
no peito
já cansei de ser dura
e foi feito
tudo que há de ser,
pra curar
mas não basta querer
remediar

e mais uma vez
me engano,
enveneno a mim mesma
e chamo
mas agora ninguém
mais me escuta,
a insônia cessou
esta luta

ALICE BORGES NEVES

eu não faço meus versos,
os canalizo
e quando prontos não escrevo,
os revivo

e quando o sono chega
enfim
a conexão termina
pra mim

finalmente relaxo
sem ouvir,
será que agora eu posso
dormir?

vício

quem conhece o vício
de cheirar o livro aberto,
viajar entre o verso explícito,
ler sonetos e não saber ao certo

como descrever o que sente,
algo tão novo
e tão de repente,
um prazer que mantém o coração quente

e quando a poesia acabar,
a página eu irei virar,
para tudo isso recomeçar,
lendo vícios sem parar.

deixe a poesia entrar

acho que perdi
a fórmula do verso
de tanto treinar prosa,
de tanto dissertar

não lembro, mas senti
que todo o universo
da poesia em mostra
da arte de rimar

deixou de ter sentido
um significado oculto
poesia expressiva
que um dia fiz criar

o momento em si perdido
convertido em próprio vulto
semblante em perspectiva
das lembranças do pesar

melodrama em demasia
mas ainda aguardo o dia
em que a poesia volte
a em mim se acomodar

voltar,
a ser o lar do rimar
o texto dissertativo-argumentativo,
ainda que significativo,
pode se mostrar nocivo
deixe a poesia entrar.

e que seja bem-vinda

Poema feliz

poema feliz
poema não triste
poema sorriso

poema
sem prosa
poema com rima
poema divertido

risadas no verso
poema disperso
poesia boa

poesia leve
prova que quem
escreve é boa pessoa

poema pensado
verso planejado
estrofe bonita

poema alegre
recita e descreve
poema não grita

sabe ser discreto
poema sincero
está fora de moda

poema sem teto
sem chão, sem afeto
poema que incomoda

poesia feliz
é poema que diz
o que deve ser dito

poema sem tom
pois poema bom
é poema bonito

impulso

E num só impulso
Tudo que sei
Acaba no chão

Destino avulso
E desafortunado
De uma colisão

Coleto os cacos
As sobras e restos
Do que me tardia

Impulsividade
Consumida por gestos
Que não conhecia

Não sei se entendo
Ou se quero entender
O que aconteceu

E num só impulso
Deixei para trás
Tudo que me envolveu

liberdade

Mesmo que por um segundo,
Mesmo que só num impulso

ALICE BORGES NEVES

preságio

Posso prever
O que vai dizer
O que vai falar

Na arte de ver
Todo vir a ser
Se concretizar

Sentir o que vem
Preso na angústia
De não alterar

Acesso ao além
Se cria a falácia
Do manipular

sombras

Eu precisava me perder
Para finalmente poder
Ir atrás da minha luz

Encarando minhas sombras
Frente a frente com a penumbra
e toda treva que seduz

E por que logo eu?
Que não sei me iluminar
Que vivo em busca do fulgor

E permaneço nesse breu
Que me leva a questionar
Se será devastador

Mas mesmo assim encaro a fuga
optando pela luta
que é tentar me iluminar

e quando vejo um ponto fixo
respiro fundo e permito
o meu espírito aclarar

Já não há mais sobras
Já não há mais *sombras*.

fomos feitos para correr

Fomos feitos para correr
Pois no fundo sabemos
Que uma simples caminhada
Não conteria nossos sonhos

Fomos feitos para morrer
Ainda assim não nos detemos,
Pois mesmo que não sobre nada,
Ainda assim nós nos teremos

Mas até algo acontecer
Inquietos, aguardaremos
O dia em que nosso decesso
Não torne o futuro pequeno

E cresce o que faz pertencer
A algo demasiadamente ingênuo
Como o pavor do retrocesso
Num corpo e mente estrênuo

Fomos feitos pra esquecer,
De tudo que já vivemos
Das memórias transitórias
Já que não renasceremos

Se fomos feitos para ser,
Quero saber o que seremos
E em jornada compulsória

Até quando seremos menos?

queda

não quero cair,
como já caí tantas vezes
para depois lidar com o esforço,
de reaprender a levantar

anseio sair,
mas os dias parecem meses
e o que promulga meu conforto
enrijece meu medo de despencar

mesmo assim, agradeço
pela quedas que deixaram sequelas,
pelas cicatrizes que também são belas
desde que eu não insista em as relembrar

quando finalmente esqueço
e quando retorno a mim novamente
a vida que ganha formato de enchente
torna-se dilúvio pra me afogar

mas dessa vez,
torço para estar mais preparada,
pois eu já cansei de ser tão machucada,
pois dessa vez, eu já sei nadar

e nado,
incessantemente
até que de repente

me conformo com a queda,
e caio no mar

iguais

a voz
tem a mesma voz
que eu

o tom
é soprano agudo
lembra um pouco o meu

meio desafinada
mas se bem controlada
sabe ser melodia

essa voz que grita
vive na minha cabeça
a cada hora do dia

voz mirabolante
torna-se vibrante
como irei calar?

o grito que continua
a insistir que sussurra
para depois berrar

e fala como eu
será que percebeu?
que não somos iguais

devo falar mais alto
pra que meu tom contralto
possa aparecer mais

não se mescle comigo
não seremos amigos
se você me destruir

serei escandalosa
e deixarei claro
que já pode ir

não somos e nunca seremos iguais.

se houver um próximo amor

se não souber amar
teu excesso de vida
teu excesso invasor

ou se não souber
lidar com tua alma ferida
ou com toda a tua dor

o teu corpo pesado
tentando ser levantado
buscando se encontrar

suplicando ser vista
tendo uma conquista
pra te acalentar

deixe ir lentamente
por mais que alimente
o que ainda está em ti

no fim tudo isso passa
pois a tua carcaça
já aprendeu a existir

teu coração vibrante
de menina amante
com tanto amor pra dar

dê esse amor a si mesma
e o que vier em seguida
não irá desapontar

peço ao universo

peço ao universo
que a insegurança
seja ansiedade

e que a minha cabeça
tenha distorcido
toda a realidade

pois sei que se te perco
também me comprometo
sem ter o teu amor

um vazio
que será ainda mais frio
quando você se for

o receio
de te ter por inteiro
só com a minha metade

com cuidado
estamos lado a lado
se tornará verdade

atração

um manifesto
em que tudo o que eu peço
se torna real

eu confesso que agradeço,
ainda que no começo
prolongando meu astral

nesse gesto
que excede o contato
sei que há de fato,
um possível tangível

e nessa possibilidade
a minha realidade,
é reconhecer o sensato
e optar pelo preferível

discografia dos amores

tudo começa
com um quebra-cabeça,
que poderia não ter quebrado

no itinerário
de outra linguagem
ou de outro cenário

existir por amor
até ele se torne,
um fardo nocivo

o cenário perfeito
de uma melodia
que combina comigo

eu me identifico
com todo seu amor
e com sua latência

por mais que suplique
por metamorfose
ou por outra aparência

não posso prever
a próxima canção
mas há muita esperança

me pego de surpresa
e como a sobremesa,
bem antes da janta

me vejo cansada,
e ao deitar na cama
me faço dormente

não lembro de nada
a música toca
e volto a ouvir a gente

a história de amor
que ressalta o pavor
me fez mais destemida

eu escuto teus discos,
sentimentos mistos
e repletos de vida

quando tudo foi embora
minha alma que chora
só quis ser lacrimejo

sinto que o amor
está prestes a vir
e aguardo seu beijo

ele

ele é tudo
que os outros não foram
ele é tudo o que falam
ele me faz sorrir

e somos juntos
dentro da expectativa
ele é minha despedida
ele é o que há de vir

a fase que virá
com a lua cheia
em mercúrio retrogrado
vendo o sol se pôr

suplico para que não acabe
e pra permanecer inteira
pois mesmo que não seja óbvio,
não sei se conheço o amor

crescer

cheiro de comida familiar
faço de tudo pra crer,
que um dia irei saborear
que um dia irei voltarei a ser

quem eu era,
num dia qualquer,
um cotidiano leve
que adoraria recordar

quantas chances
ainda darei
para que a saudade
me faça retornar

e cresço
até ficar tão grande
que nem mesmo meus pés
sou capaz de alcançar

meu reflexo
reflete um gigante
mas sei que por dentro,
irei adelgar

sei que a dor
é na medida certa
pois já não há dor
que eu não possa aguentar

e deixando
cada ferida aberta
torço para que o tempo
as possa costurar

pelo menos

percebo
que você percebeu,
que não haverá ninguém como eu
e que esta é sua chance de amar

e assim
poderei entender
que ao estar na sua mão,
você quis me aguardar

meu amor,
tão intrínseco e intenso
é também inconstante,
não sei se irá durar

mas eu amo,
e ainda sigo adiante
pois você, como amante,
me ensina a te amar

e mesmo
que nosso amor não perdure
haverá um destino que cure,
meu coração dilacerado

sintetizo
nos versos, sua presença
fazendo cada desavença
morrer no passado

chance

eu ainda me lembro
de você fazendo
meu coração palpitar

eu ainda recomendo
nós sairmos correndo
sem ter onde chegar

conhecer teus costumes
e me tornar imune
às tuas faltas de amor

a saudade me pune
pois já era costume
pois não guardo rancor

escolhi a despedida
mesmo que a partida
te faça querer voltar

nós perdemos a chance,
eu: de ser mais constante
e você, de amar

se fosse

se fosse
em qualquer outro momento,
seria menos inadequado,
seria mais profissional

se fosse
num ritmo um pouco mais lento,
seria menos desajeitado,
seria menos trivial

se esboçasse
um pouco mais do seu talento,
talvez fosse mais conceituado,
talvez fosse menos teatral

mas se fosse
já se foi faz tempo
pois se fosse é passado
e o passado tem final

se foi,
atrás de reconhecimento,
mas se perdeu na busca
do que seria ao ser desigual

expressividade

A expressão
De rosto
De Corpo
Na mão
Do sentir
Do fazer
Da razão

O sentido de toda a emoção
O caminho da compreensão
Expressando a comunicação
O primórdio de toda paixão
A origem da própria ilusão

Expressividade, então
Entrelaça tudo em questão
E envolve do teto ao chão
A esperança em meio à exaustão
Que combate, em desgaste

Expressão

inesperado

Inesperando o inesperado
Confesso ter te esperado um pouco
Mas foi tão repentino,
Quase espontâneo

Achei em você
Explicação pra tudo
Naquele momento,
Daquele Sentimento

Nunca fiquei,
Tão brava com o futuro,
Esmorecimento à flor da pele
E na pele da flor, a pétala

A vista de cima
É bem mais desditosa
Corroendo todo o ver
E todo vir a ser

Com o meu olhar,
Te vi
E com o teu olhar,
Me olhei
Um choque!

Confesso que não esperava por isso.

introspecção

às vezes
é preciso parar para existir
e aprender a se olhar

é preciso aprender a refletir,
e tentar não se destruir
ao tentar se escutar.

tornar-se inteira e presente
no seu próprio agora,
para construir o futuro

e desprender-se do passado
para aprender a deixar de lado
para desabar todos os muros

contemplar a existência
e prender-se no agora
ainda que isso lhe custe

toda a sua sanidade
e a noção de identidade
que você até então conhece

pois o agora em demasia
atenua a agonia,
me faz idealizar

e dessa forma eu presencio
toda forma de desconforto
que é aprender a me enfrentar

introspecção II

Me pergunto
se posso sair
se terei para onde ir
ou mesmo onde ficar

Me questiono
se há como abrir meu coração
sem que haja razão
para me machucar

E assim,
eu vivo recolhida
aguardando a vida
me sinalizar

Me fazendo,
ficar mais
tranquila
e me motivando,
a me libertar

Toda essa liberdade
nunca doeu tanto,
quanto ver meu reflexo
sem poder me enxergar

Quando livre,
construo paredes
e procuro redes
pra me aprisionar

O conforto
de ver que está morto
todo aquele impulso
de um dia mudar

Me pergunto
se posso sair
se terei para onde ir,
mas escolho ficar.

vazios

peço que me deixe
e me permita sentir
sem o medo de perder tudo,
sem a angústia de me iludir

parece tão irreal,
ao mesmo tempo que sincero
de um lado, sensacional
em contraste com o mais singelo

sem intenções exorbitantes
por trás dos teus elogios
na lucidez dos meus desejos,
que já não são mais desejos

você preenche meus vazios

fome

a fome extrema
que corrói meu ser
e que cava buracos

meu estômago em prantos,
pois já houveram tantos
dia a dias escassos

ainda assim me alimento,
mas a comida é vento
e eu não sei comer ar

suga toda a energia,
que um dia já foi minha
e me faz delirar

o meu cérebro questiona,
se sei onde estou indo
se irei continuar

a cada caloria
dissolvendo na pia
não quero me molhar

eu desconheço a fome
e a dor consome,
e corroí meu ser

e me vejo caída
mais uma despedida
vem nutrir o meu ser

vítima do apetite,
mas por mais que eu grite.
você não vai me ver

permaneço sozinha,
noto que estou faminta
eu já posso comer?

até que finalmente, posso dizer:
que cansei de esperar acontecer
e que cansei de esperar por você

mas bom apetite.

cicatrizes

questiono se errei
se é um erro novo,
ou se eu só repeti

essa forma constante
e tão alucinante
de não saber resistir

relembrar as conversas
em meio ao suplício
por um pouco mais de atenção

me sinto abandonada
e me torno culpada
pela situação

o que fiz de errado
para ter te tirado
de perto de mim

uma chance daquelas
uma vida mais bela,
mas que parte enfim

eu retorno sozinha
pois sempre serei minha
e não mais de ninguém

a solidão agride,
pois as suas cicatrizes
me tornaram refém

primavera

Esperar
Não é sinônimo de esquecer
É deixar germinar
Para que possa crescer

É plantar com cautela
E criar uma base
É estar adiantado,
Para que nunca se atrase

É saber pertencer
Sem viver no futuro
Fazendo do presente
Um momento seguro

Pois quando acontecer
E a primavera chegar
Sei que o que irei colher
Sei que irei desfrutar

limites

Perdão
Por não saber te amar,
Por te ferir novamente

Perdão por cada doença
E por toda essa crença
Que corroeu a gente

Desculpe todo excesso
E toda a escassez
Que te dei em seguida

Perdão pela insegurança
Pela inquietude
Pela ausência de vida

Não quis negligenciar-te
Mas por não saber te amar
Desamei por engano

O remorso é mais forte
Eu desejei a morte,
Pois morrerei lutando

Cansei das tuas desculpas
Destruir tudo à frente
Num autossabotar

Meu palato ácido
E meu caráter já flácido
extrapolam meu máximo,
E me fazem parar.

ALICE BORGES NEVES

irrevogável

Tudo muda,
Quando suas perspectivas se alteram
Quando o passado e o futuro se mesclam
Originando um projeto de presente

Que você abomina,
Sem notar que se aproxima,
Pois não consegue o ver de cima
Pois não é mais semelhante

Tudo ganha,
Uma nova conotação,
Uma unidade de medida
Ou um valor importante

Você passa
A somar cada dado
E faz com que o errado
Torna-se exorbitante

E nesse sistema de dependências,
Onde nada é despercebido
As noções de tempo e espaço
Se alteram vagarosamente

E dessa forma,
Depois de tantos contratempos
Sua mente enfim decide,
Voltar a ser mais complacente

Mas não há caminho de volta
E sem entender minha revolta
AS vozes de dentro substituem
AS que viviam internamente

Como uma profecia,
Pressupondo minha solidão
E fomentada pelo destino
E da minha aversão ao frágil

Me torno refém de mim mesma,
E traço mais um caminho
Para negligenciar meu futuro
Para ser irrevogável

sinestesia

o azul da sua camisa
tem cheiro de brisa
textura de céu

um bom chá de hortelã
sabor de manhã barulho
de mel

o cheiro da porta marrom
está fora do tom
tem gosto de azar

diluía
o som da entropia
em *sinestesia*
consistência lunar

o frio

O frio
Toma conta de abril
Desde a água do rio
Até o mês desaguar

Partiu
Pois um dia descobriu
Que ainda não há elogio
Que me fará voltar

Não há persuasão
Que derrogue meu não
Que conquiste a razão
Que não irei te dar

Mas eu sei
que pelo bem da execução
sigo a trilha em questão
Pois eu já sei trilhar

Subiu
O ar num só calafrio
O medo corre sombrio
Faz meu coração palpitar

Agiu
Como se preenchesse um vazio
Tornando meu corpo doentio
Sem nem mesmo tentar

Mas não há apreensão
Pois nada foi em vão
Ando pra você recuar

Na emoção
De viver sob pressão
Tenho ainda mais vontade
de caminhar

O inverno já pode vir
pois quando eu partir,
O frio não irá acompanhar.

inércia

ficar nessa inércia
me tira do sério
me enche de culpa

de ter toda a chance
de ser um gigante
e permanecer minúscula

me tornar escassa
embebida na angústia
de me desperdiçar

e ver que os meus gritos
me fazem mais muda
me fazem parar

e assim eu me calo
perante a mim mesma
perante a minha existência

não importa o que eu diga
não importa o que falo
pois será uma ofensa

e ofendo a mim mesma
para que a ofensa
possa me moldar

permaneço inerte
evitando o erro
pois sei não errar

e nesse breu tão sutil
uma lacuna se abriu
para eu despejar

toda a minha esperança
de um dia ser dança
de me movimentar

e percebo
que depois de tanto tempo parada,
já não posso sair do lugar

imprevisível

continuo esperando
que o universo me surpreenda
para que o meu cotidiano
não vire minha agenda

suplico sincera
para que não me prenda
em um itinerário conflituoso
fazendo com que eu me renda

eu peço,
pois quero sair da rotina
para que o entusiasmo vire minha sina
para nunca precisar prever

anseio pela angústia
que vem com o inesperado
acompanhada pelo privilégio
de jamais saber

entrelaça-me,
toda adrenalina
para que o previsível
passe a não mais haver

a graça
de viver no escuro
desconstrúo o que é duro
para não enrigecer

falha

se espalha
a beleza da falha
entrelaça-me
da cabeça aos pés

e a glória
que um dia eu tivera
dilacera minha alma
resguardando minha fé

como picotes de papel
dos mais leves e finos
que voam com a brisa
levam consigo minha razão

antes restassem-me acertos
em meio a esse descuido
que suspende minha calma
e realça minha solidão

incerteza

eu lembro
a todo momento
de todo minuto
a fim de amenizar o meu mal-estar

eu só peço
para que seja profundo,
para que eu não perca a imagem
que criei, por te amar

e eu amo
quase que enfurecidamente
quase que de forma inconsequente,
pois desejo ficar

e eu temo
te perder algum dia
retornando ao sombrio
que me custa evitar

pois se volto
meu coração pulsante
entrará em uma constante
de não mais confiar

meu semblante
já não é como antes
e por mais que eu suplique,

eu não sei suplicar

espera

não vou mentir que senti falta
de te ouvir falando
mesmo sem te compreender

senti falta do aconchego
das nuances do teu cheiro
sentir que posso ter

tudo que sempre sonhava
tudo que sempre pedia
e que fiz acontecer

enquanto tu me mostrava
o outro lado do afeto
e as faces do envolver

senti falta da ideia
de dentro do teu abraço
eu me deixar dissolver

e enquanto me espera
eu, com muita cautela,
me permito te escrever

carta

querido universo,
estou ficando cansada, sabe.

cansada de aprender a evoluir,
pois às vezes quero só desfrutar de algo sem que haja uma moral esclarecedora por trás
sem que todas as minhas expectativas sejam quebradas em milhares de cacos
que eu jamais conseguiria juntar sozinha e que,
a cada ida ao chão,
eu fique cada vez com mais medo de andar descalça e cortar meus pés

na verdade estou bem mais que cansada, estou exausta

exausta de tanto questionar e nunca ter uma sequer constante
pois tudo culmina em um aprendizado maçante e intenso
que molda o meu caráter e enriquece o ser que habita em mim,
ou que pode ser que seja eu,
ainda não consegui discernir uma coisa da outra.

mas queria que, por algum tempo indeterminado,
esse ser se retirasse e me deixasse em paz
queria que as lições da vida fossem dadas como brincadeiras,
assim como quando éramos crianças.

mas não foi só o meu caráter que ficou grande
e conviver com isso, torna a existência cada dia mais pesada,
até mesmo maçante, eu diria.

querido universo,
gostaria que soubesse que eu já sou uma fortaleza
e que a evolução é sempre constante e incontrolável

mas que a partir desse instante
suas lições mais penosas
não reflitam o oculto prazer que algum dia já encontrei em sofrer
pois sei que depois de tanto plantar,
já está na hora de colher.

querido universo
é bem provável que eu esteja salva,
mas ainda que eu não esteja,
dessa vez me permita não ser

pois o excesso de força
faz com que eu me enfraqueça
e em meio a tanta fraqueza
só me fortaleço quando sei que posso viver

barranco

um abismo
corda bamba
percorri

quando olho
o retorno
percebi

onde estava
onde estou
e estou aqui

permaneço
no começo
mas parti

o caminho
tão sozinho
que vivi

que vive em glória
pois a história
eu concluí

o barranco
do penhasco
eu venci

a minha crença
que virou doença
absorvi

dessa vez,
sobrevivi

me desculpe, eu te amo, obrigada

voltar para casa
e cortar as amarras
que são extensões de mim

encarar os pecados
e entender que os meus fardos
me tornaram assim

intuição conturbada
ao largar os distúrbios
que me fazem segura

e sair do conforto
que é olhar pra mim mesma
e desconhecer a cura

olhar pro meu passado
e amar os defeitos
da menina inocente

entender que por mais
que ela esteja pra trás
isso é permanente

receberei o novo
sem vergonha do agora
aprender a me escutar

a prisão que me abraça
que tanto me entrelaça
e me impede de amar

eu perdoo a cegueira
a maldade tão feia
e tudo que restar

prolongando o castigo
de conviver comigo
passo a me tolerar

olhares

aquele fenômeno
de num cruzar de olhares
apesar dos pesares
ser capaz de se ver

a janela do devir
na introdução das almas
das águas mais calmas
diálogo do viver

em forma de espelho
num cruzar de olhares
transformam-se os ares
espelham teu ser

fenômeno raro
na escassez do afeto
incessantemente inquieto
enxergar sem temer

solidão

a solidão
é um fenômeno social
quase que natural
quase que inevitável

a soledade
que de súbito me invade
se escondendo na saudade
quase que incontestável

o isolamento
que não voa junto com o vento
que não se cura com conhecimento
quase que inefável

a solidão
é um fenômeno individual
certamente eventual
certamente indecifrável

e então
transbordando autorreflexão
como uma hemorragia de emoção
noto que a solidão
tornou-se confortável

remorso

Consome minha alma lentamente
E retorna nos momentos mais inoportunos

Não poderia ser mais inconveniente?
O que esperar de uma palavra tão inofensiva
Mas com um significado tão sombrio
Não, sombrio não, Mórbido!

Assassino da paz e da tranquilidade
Atormenta-me tanto
Suspeito que não sou mais sã
Ou será que sou? estou?

Cúmplice de uma cabeça perturbada
Regendo o passado
Ah, o passado
Que já passou
Mas permanece aqui
Questiono, ainda, se sou meu passado
Meu futuro?

Futuro
O remorso também está lá
Está em todos os lugares
Em todas as cabeças
Agarrado às raízes da memória
E da imaginação

Arrependimento
Sobre as escolhas
Aquelas que ninguém sabe que fez
Só você
O autoconhecimento pode ser um fardo

O remorso
Que só acaba
No dia de sua morte
E passa a contar os dias

Um
Dois
Três
Mas pra que a pressa?
Pra que tudo isso?
Um redemoinho de dúvidas na cabeça
Até que você finalmente
E por fim
Você coloca um fim

A contagem para,
E finalmente,
Não há mais
remorso
Apenas sequelas.

Um
Dois
Três
Quatro...

ALICE BORGES NEVES

silêncio

tenho tanto a dizer
que engasgo com as palavras

MORTE
SÚBITA
e desta vez,
um homicídio culposo

o *silêncio* é o maior
criminoso

talvez

Talvez,
as palavras que faltam na minha boca
estejam presas no papel
e talvez,
essa seja minha melhor forma de expressão

Possivelmente,
toda ilusão que criei seja mesmo mentira
e talvez,
toda essa minha mentira
possa explicar minha solidão

Solidão: pois tenho só a mim
e confesso que nem sempre é suficiente

Admito
que nem sempre gosto da minha companhia,
a única que tenho.
é o preço que pago por estar viva

Talvez,
as palavras que saem da minha boca
sejam diferentes das do papel
e talvez por isso
eu prefira escrever

Pois talvez
só quando eu escrevo,
sei que posso me expressar
e por mais que não me sinta ouvida,
me sinto lida
e há de bastar.

rua sem saída

o desafio de conectar
todas as linhas do tempo
mas ainda sim
não recordar

o vazio
de não olhar pra dentro
pois sei que o tormento
irá se acumular

e assim
todo caos que eu enfrento
e todo arrependimento
buscando controlar

e controlo
cada microssegundo
e cada momento
para recuperar

tanto tempo
na escassez eterna
vomitando minhas mágoas
até transbordar

pois aprendi
a viver errado
e escrava do passado
não sei me consertar

assim
por mais que não compreenda
que já não sou a mesma,
e eu temo retornar

entretanto
o caminho de ida
é rua sem saída
é hora de parar

retorno

Como um chamado
Ao distanciamento
Pois já era hora
De se afastar

Trago de volta
O mesmo pensamento
Pois já é mais que hora
De se relembrar

Questiono até que ponto
A minha euforia
Me traz mais prazer
E me faz pulsar

Sem qualquer garantia
Que em algum momento
Eu possa crescer
Evito parar

Desavisado
Foi esse momento
O meu próprio agora
Pra poder retomar

Como esperado
Todo sentimento
Ainda não foi embora
E me fez retornar

instinto

um instinto
quase que primitivo
quase que inofensivo
que se acumula dentro de mim

eu persisto
pois não havia entendido o motivo
pois não sabia que era nocivo
e me acostumei a viver assim

intrusivo
ao mesmo tempo que intuitivo
já não sei se eu sobrevivo
ou se aguardo pelo meu fim

a certeza
de que isso mora na minha cabeça
e na própria mentira
preferir se afundar

e é tão profundo
que quando notei
que eu me aprofundei
até quase afogar

me faço pesada
mergulho assustada
e o instinto que esmaga
é o instinto de nadar

brilho

quando tomei
com toda consciência e certeza dentro de mim
a decisão de reconhecer meu brilho
vi que todas as vozes que me diziam que eu brilhava demais
não poderiam estar mais equivocadas.

e quando parei
pra olhar só para o meu presente,
optei por me tornar mais contente
numa constante estável,
mas pronta para mudar

e ao resgatar tudo
que habitava dentro da minha antiga casa,
passei a redefinir
o que chamo de lar.

o contágio
da extensão do passado
não é grande o bastante
para me apagar

aprendi a brilhar
pois eu sempre fui brilhante
reascendo o meu brilho
e me deixo pulsar

quando tomei
com toda consciência e certeza dentro de mim
a decisão de não ofuscar meu brilho
vi que todas as vozes que me diziam que eu brilhava demais
pela primeira vez

brilharam comigo.

remédio

Tantos erros cometidos,
tantas vezes questionando tudo que fiz
como se estivesse à beira de perder tudo.
E segurando um peso maior do que o meu: eu falho.

Me deixo cair na tentação que é me permitir ser consumida pelos pensamentos
frutos da minha cabeça dura e intrusiva.
E não há remédio que me remedie, já tentei de tudo, é claro.

Mas ainda assim, quando fecho os olhos,
ainda escuto os versos de poesia sendo suspirados no meu ouvido.

Escuto poesia, de forma não figurativa.
E nesses suspiros poéticos que permeiam os instantes,
me pergunto quando poderei voltar a solicitar esses sussurros
somente quando for conveniente.
Pois quando não solicitada,
torna-se uma epifania artística contínua
incômoda e estridente.

Uma dádiva divina
que consome minha criatividade num ritmo leve,
mas ao mesmo tempo intenso e um tanto quanto acelerado.

E, enquanto as minhas personalidades discutem entre si,
eu disserto sobre elas para depois transformá-las em versos curtos, rítmicos e rimados.
Com certeza é uma ótima maneira de me autocanalizar,

um passatempo certamente metalinguístico que anestesia minha cabeça dura e intrusiva.

Talvez esse seja o remédio que tanto procuro.

Talvez eu já esteja remediada.

conquista

acordo bem cedo
começo meu dia
com um belo de um chá

alongo meu corpo
encho um copo d'água
pra sede cessar

os solutos dissolvem
eu fecho os olhos
até tudo parar

e as vozes se calam,
agradeço o que tenho
e o que irei ganhar

seguindo meu dia
movimento meu corpo
não sei mais parar

e melhor do que nunca
finalmente sei
que aprendi a brilhar

quando o efeito vence
me sinto mais calma
sem exagerar

respiro bem fundo
me deito e aguardo
outro dia para conquistar

reciprocidade

eu desconheço a reciprocidade
e quando ela vem
nego sua sinceridade
e questiono,
se ainda há verdade
ou se irá mentir

tive pressa
mas não tenho saudade
pois vivi
a vida pela metade
e concomitantemente
não aprendi a cair

quando despenco
pois não sei subir alto
suplico por um salto
que me tire daqui

a insegurança
de que por um descuido
o desbrio do meu mundo
me faça desistir

a verdade
é que a reciprocidade
faz meu corpo covarde,
voltar a reagir

e reajo,
para que amanhã seja o mesmo de hoje,
e para que os dias sejam recíprocos
e para que eu finalmente, possa deixar ir.

contágio

As visões
Da minha cabeça
Que vinham pra fora
Me cumprimentar

Na alomorfia
Viraram palavras
Sussurros distantes
A se aproximar

Sopros levianos
Por si inconstantes
Mas é como antes
não podem parar

As sílabas todas
Se encaixam em soneto
Deixei a poesia
Me contaminar

reencontro

Um reencontro
Com a infinitude de ideias
Em uma explosão de epifanias
E de confusões planejadas

Eu nem as conto,
Pois não são assim tão sérias
Se perderam com os dias
que as deixaram inacabadas

Não está pronto,
Como se tirasse férias
De todas essas manias
Que me fazem inspirada

E quando volto
De tardio, sem plateias
As palavras doentias
Não me mantêm mais acordada

Assim peço
Para que haja esperança
De retornar ao início
Ao local onde eu estava

Um retrocesso
Que se mescla à minha ânsia
De nunca largar o vício
De ficar estagnada

Porém teço
Pra que a poesia mansa
Na costura do exercício
Seja minha aliada

Enfim esqueço
Do que um dia foi lembrança
Mas que hoje é desperdício
Uma dádiva inata

agonia

tentando ser
e fazer valer
cada minuto

subestimo o tempo
e ele, zangado,
me torna refém

me faz duvidar
das oportunidades
jogadas no lixo

onde se acumula
um vazio constante,
me faz delirar

dentro do remorso
sinto que me forço,
me deixo levar

pelo desafio
de ser vulnerável
de me machucar

e a cada sopro noto
que já está morto
o que em mim residia

enquanto me acostumo
e me deixo à mostra
enfrento a agonia

ALICE BORGES NEVES

extrovertida

em meio aos meus diálogos
e em meio a deixar rolar
transbordo as minhas palavras
sinto que nada irá me parar

em meio a toda risada
que dou, ao gozar de mim mesma
faço a minha própria piada
faço comédia com minha vida

e em meio a esse diálogo
confesso ser bem mais divertida
canalizando todas as mágoas
e transformando-as em carisma

pois sei que viver pode ser icônico
e saber celebrar a vida,
pode até mesmo parecer irônico
pode te tornar destemida

o meu lado mais introspectivo
permanece apenas na escrita
pois na fala é que eu me divirto
e comigo, sou extrovertida

jardim

deixar expostas
minhas palavras em versos
os meus universos
se abrem enfim

deixar à mostra
os meus manifestos
os lados perversos
que vivem em mim

todo esse receio
transforma-se em pressa
eu estaria em festa
se não fosse tão ruim

os motivos
pelos quais eu transcrevo
todas as tempestades
todo estopim

e explode
em sílabas tônicas
em piadas irônicas
que me tornam assim

minha deixa
proveniente da queixa
arranco as flores
do meu próprio jardim

ALICE BORGES NEVES

eu estou aprendendo

apesar
de tudo que fiz até agora
eu estou aprendendo

a viver nesse mundo
ao sobreviver lá fora,
quando eu quero estar dentro

e o confronto perdura
em meio a insegurança
e que aquece meu peito

não serei insegura
para alcançar a cura
que adio há tanto tempo

peço ajuda tua
pra que nesse novo capítulo
não seja tudo tão lento

enquanto tu me ensina
e recita paciente,
estou absorvendo

eu já sei
onde devo ficar,
e sei que levará tempo,
mas vou exercitar
pois eu quero mudar

pois estou aprendendo.

presente

Existe uma realidade
em que você colhe os frutos
do que você pediu

Em que todos os presentes
não estão no presente
pois você adquiriu

A habilidade
de usar o que sabe
e usar o que viu

Para materializar
toda a sua vontade
e tudo o que previu

Conseguir enxergar
a maleabilidade
de um mundo hostil

E então, virar o jogo
e jogar sabendo
que você já venceu

Tua realidade
já é uma verdade
que enfim concretizou

tudo que eu sempre quis,
pois tudo o que pedi
se manifestou.

inabalável

a frequência
em que eu escolho vibrar
em que eu escolho viver

me faz delirar
e em meio ao delírio
eu opto por ter

tudo que desejo
e que eu tanto almejo
um dia alcançar

decido o calendário
pois meu itinerário
irá acompanhar

então sigo assim solta
pois o que está em volta
é o que me leva a crer

que sou poderosa
e a minha realidade
reflete esse poder

e posso absolutamente e incondicionalmente tudo.

não há testes

Você merece
o que deseja
só por pedir

Por desejar
se materializar
e por não resistir

E se resiste,
não é um teste
pois não há obstáculo

E se existe,
Mas se desconhece
Não deixa de ser fato

Teu cotidiano
Ficará repleto
com os teus pedidos

Afinal você
e o universo
já são bons amigos

E amigos fazem favores,
sem esperar nada em troca

Não há testes.

ALICE BORGES NEVES

avoada

avoada
a voada
o voo da miada
do mio a parada
avoada

é quem sonha acordada
alheada
é quem vaga no meio do nada
e no meio de tudo
avoada

o voo
na imensidão da cabeça adoidada
um mergulho na distração desfocada
que surge e emerge
avoada

autoimagem

Saber que no fundo
não há ninguém no mundo
que eu possa impressionar

E impressionar a mim mesma
me faz notar que ainda resta
muito para consertar

Eu me torno abalada
me assemelho a nada
me recuso a encarar

A solidão que reside
na dor que ainda vive
e que invade o que era lar

Ao saber que no raso
Eu quase de extravaso
incapaz me conter

A pressão é tão grande
eu me torno gigante
pra depois encolher

Só sei ser prepotente
e me torno contente
aprendendo a me ver

ALICE BORGES NEVES

conversa

eu quero
um café
pra acompanhar

falo sério
pra depois
não gargalhar

tuas lágrimas
cristalizam
teu olhar

eu me perco
pra depois
te encontrar

é sua vez de falar

sonhos

eu não persigo meus sonhos
meus sonhos me perseguem
me estrangulam
me fervem
e pelo bem do momento
eu cedo
borbulho
derreto
e me deixo escorrer
na utopia da realização

o anseio me envolve
no aguardo
e assim como esperado
meus pés saem do chão

flutuo
entre as possibilidades
de ser devaneio
ou de ser execução

eu não persigo meus sonhos
meus sonhos me perseguem.